Nicole Durand

ARBRE, MON AMI

Poèmes

DES ARBRES
DE NOS CONTRÉES

« MON BEAU SAPIN »

« Mon beau sapin, roi des forêts
Que j'aime ta verdure !
Quand par l'hiver, bois et guérets,
Sont dépouillés de leurs attraits,
Mon beau sapin, roi des forêts
Tu gardes ta parure.

Toi que Noël planta chez nous,
Au saint anniversaire !
Joli sapin, comme ils sont doux
Et tes bonbons et tes joujoux !
Toi que Noël planta chez nous,
Tout brillant de lumière.

Mon beau sapin, tes verts sommets,
Et leur fidèle ombrage,
De la foi qui ne meurt jamais,
De la constance et de la paix,
Mon beau sapin, tes verts sommets
M'offrent la douce image. »

D'après « O Tannenbaum » d'Ernst Anschütz

LES PINS

Les pins frissonnent
Sous le zéphyr qui murmure
J'emprunte les ailes du vent
Vers les pays du Levant
Puis je me mets à chanter pour
La France : « Qu'une nuée d'amour
Couvre le ciel
De ce pays cicatriciel. »

LES TROIS CHÊNES

Deux sont verts
L'autre change de couleur :
Ils se sont dit : que faire ?
L'un veut lâcher les feuilles à son heure
Les autres engrangent avant l'hiver
Quelques calories sans peur :
Ils sont plus téméraires
Et l'autre va rêver avec bonheur.

L'ÉPICÉA

Il est protégé du froid
Par ses aiguilles et son écorce
De l'hiver, il est le roi
Des essences végétales sont sa force
Tous les ans, de quelques centimètres, il croît
Dès que les températures montent, la photosynthèse
il amorce
Il garde son tronc parfaitement droit
D'incliner ses aiguilles, il s'efforce
Mais les scolytes en font une proie :
En appelant à l'aide, le danger, il désamorce.

CHRISTINE, SOUS LA TONNELLE

Christine était très belle
Lors du mariage civil de Myriam et Benoît :
Son « bibi » lui donnait des ailes.
Elle s'en donnait à cœur joie
Dans les bras de Jacky, sous la tonnelle
A son devenir, elle croit
Et se tourne vers le ciel
Qui pleure de joie.

L'IF

Symbole de frugalité et de patience
Coriace, il a de la prudence ;
Il investit beaucoup d'énergie
Dans le développement de ses racines grâce auxquelles
il survit
Plusieurs troncs il peut former
Qui lui donnent un aspect plissé.
C'est un modéré qui vit de peu
Il peut atteindre plus de mille ans et c'est heureux

LES NOISETIERS

Les noisetiers ont été coupés :
J'ai souffert dans ma chair ;
Ils ornaient le verger
Ils embellissaient la terre
Grâce à eux, mon enfance était sublimée
J'en ai voulu à mon père :
Ils ne rapportaient pas assez
Leur sacrifice a été amer
Mais ils peuplent toujours mes pensées
Ils me sont toujours chers.

LE LIERRE

Il démarre petite graine
Il se saisit de l'aubaine
D'essence de lumière ;
De véritables tapis il recouvre le sol, le lierre
Puis il escalade un tronc
À l'aide de racines-crampons
Il inflige à l'arbre des souffrances
De plus en plus denses
Celui-ci meurt
Sous l'effet de ce serpent constricteur.

LES MARRONNIERS

Sur la pelouse, bien alignés
Les quatre marronniers
Se tenaient en sentinelle
Leur parure était belle ;
Face à la maison
Tombée en pâmoison
Ils apportaient de la fraîcheur
À tout instant, à toute heure
Nous nous mettions sous leur feuillage
Et le temps n'avait plus d'âge.

LE BOULEAU

Le bouleau vit solitaire
Seul sur son aire
Il a beaucoup d'énergie
C'est un modèle de frénésie :
Il vit vite
S'épuise tout aussi vite.
Il se donne à fond
Mais la pourriture gagne son tronc :
Il arrive à épuisement
Et meurt brutalement.

LES CHAMPS DE POMMIERS

Les champs de pommiers
Sont disposés en espaliers
Nous cueillons les fruits
À point mûris :
Les pommes colorées
Et bien parfumées
Garniront les pastis gascons
Qui nous régaleront.

L'ARBRE DE JUDÉE

Il ornait le jardin
De ses branches lilas
La mésange bleue avait faim
Et ses fruits ne lui échappaient pas
Il éveillait de bon matin
Le souvenir du pays là-bas
Il m'accompagnait sur le chemin
Vers mon roi.
Son nom claquait enfin
Sur la table de mariage de Myriam et Benoît

LE HÊTRE ET LE CHÊNE

Le hêtre croît toute sa vie durant
Il peut atteindre deux cents ans
À l'ombre du chêne, il va le dépasser
Et ce dernier va être rabaissé
Mais son écorce est plus résistante
Celle du hêtre, lisse n'est pas concurrente.
Cependant, la lutte se poursuit
Le chêne est fini.

LES PEUPLIERS

Au cœur de l'automne,
Les peupliers frissonnent
Ils offrent encor
Leur couleur vieil or
Ils jettent un cri
Vers l'infini
Après, ils trouveront du repos
Auprès de leur ruisseau.

L'ORME DE SIBÉRIE

L'orme de Sibérie
Est ultrarésistant.
Entre la place de la libération et le parvis
De la cathédrale, sur deux rangs
Il crée un décor joli
Comme un envoûtement :
La ville, il embellit
Sous l'œil émerveillé du passant.

LE TREMBLE

Il croît plus vite que le bouleau
Mais il est plus vite au bout du rouleau.
Ses feuilles réagissent au moindre souffle d'air
Elles battent des mains dans les airs
Elles exposent tour à tour à la lumière
Leur face supérieure et inférieure
Cet état d'alerte permanent
Entraîne un épuisement.

SUR LE CHEMIN, LE NOYER

Nous marchons vers le lac
Situé à Empitrac
En un ballet incessant, les hirondelles
Rasent l'eau et s'envolent à tire-d'aile
Nous poursuivons le chemin
Avec entrain.
Le noyer nous dit bonjour
Et porte du fruit toujours
Sous l'œil du coq narquois
Nous cherchons des noix
La nature toujours nous émerveille
Avec ou sans soleil.

LES POMARINES

Dans le marché, les pomarines
L'étal, elles illuminent
À la chartreuse, elles orneront, de leur couleur orangée
Les tables : le soleil est entré
Ensuite, elles feront des mets succulents
Que nous dégusterons avidement.
Les mariés seront ravis
De cette variété de fruits.

LE MAHONIA

Le mahonia, bel arbuste parfumé
Persistant et fleuri en hiver
Que les abeilles peuvent butiner
Nous est particulièrement cher
Ses fleurs, d'un jaune prononcé
Éclairent la terre :
Le jardin est coloré
Avec son feuillage épais et vert.
Décoratif toute l'année
Il s'accorde avec les fougères
Ses baies sont bleu foncé
Il se plaît dans la terre de bruyère.

LE CÈDRE DE LA CHARTREUSE

Le cèdre occupe toute la place
Il rend solennel l'espace
Un peu de Liban est là
Il m'entoure de ses bras
Je me sens apaisée
Réconfortée, régénérée
Il donne à la chartreuse
Un air d'amoureuse.

DES ARBRES
DANS LA BIBLE

L'ARBRE DE VIE

L'arbre de vie
Était au milieu du jardin
Dieu empêcha l'homme de prendre le fruit
Il envoya les chérubins
Agitant une épée qui luit
Pour garder le chemin
De l'arbre de vie :
L'homme ne put tendre la main
« La sagesse est un arbre de vie
Pour ceux qui la saisissent
Et ceux qui la tiennent ferme
Sont déclarés heureux
(proverbes 3 18-22)

L'ARBRE DE LA CONNAISSANCE

L'arbre de la connaissance :
Est-ce une nouvelle naissance ?
Pour nos lointains ancêtres
Il fallait paraître
Mais l'homme a succombé
Il a été chassé
Loin du paradis
Il s'est avili.

LE SYCOMORE

Le sycomore
A servi de support
À Zachée
Pour qu'il voie le Bien-Aimé
Sans lui
Il n'aurait pas eu la vie
Il n'aurait pas entendu la voix :
« Il faut que je demeure chez toi ».

L'ARBRE, LIEU DE RÉVÉLATION

« Tirez instruction
De la parabole du figuier :
Dès que ses branches
Deviennent tendres
Et que les feuilles poussent,
Vous savez que l'été est proche
De même, quand vous verrez ces choses arriver
Sachez que le Fils de l'homme est proche »
Marc 13 28-29

L'ARBRE,
SYMBOLE D'UNE RENAISSANCE POSSIBLE

« Mais comme le térébinthe et le chêne
Conservent leur souche,
Quand ils sont abattus
Sa souche donnera
Une descendance sainte
Alors un rameau du tronc de Jessé,
Un rejeton de ses racines
Sera fécond. »
Isaïe 6 13-6 11 1-5

L'ARBRE, SYMBOLE DE FÉCONDITÉ

« Méfiez-vous des prétendus prophètes !
Ils viennent à vous en vêtements de brebis,
Mais au-dedans ce sont des loups voraces.
Vous les reconnaîtrez à leurs fruits.
Cueille-t-on des raisins sur des ronces
Ou des figues sur des chardons ?
Tout bon arbre produit de bons fruits
Mais le mauvais arbre produit de mauvais fruits
C'est donc à leurs fruits
Que vous les reconnaîtrez »
Matthieu 7 15-17

LE FIGUIER DESSÉCHÉ

Le figuier n'avait pas de fruits
Jésus le maudit.
Le lendemain, les disciples,
Lors de leur périple
Retrouvèrent le figuier desséché
Ils se sont rappelés
Que Jésus avait dit :
« Que plus jamais personne ne mange de ton fruit. »

LA MOUTARDE

La graine de moutarde, lorsqu'on la sème
Est la plus petite de toutes les graines.
Elle monte, se développe sans flemme
C'est pour elle une aubaine.
Elle a de grandes branches qu'on aime
Où les oiseaux ne sont pas dans la peine :
Ils s'abritent même
Sous son ombre pleine.

DES ARBRES TROPICAUX

LE FROMAGER

Le fromager
Dans la canopée
À des feuilles palmées
Cet arbre imposant
Peut vivre jusqu'à cinq cents ans
De grosses épines l'entourant.
Il développe des contreforts
Qui le rendent plus fort
Véritables trésors
Il atteint quarante mètres de hauteur
Et porte avec bonheur
Les fruits nommés kapoch à toute heure.

« LE DÉSERT A REFLEURI »

Au Sénégal, à Beer-Sheba
La terre aride a reverdi :
Piétinés, les arbustes ne poussaient pas
Une clôture leur a assuré la survie
Il n'y eut plus de dégâts
Les arbres ont repoussé à l'envie
L'eau fut trouvée par la foi
Les oiseaux ont regagné leurs nids
Bêtes et gens, jardins ont retenti de joie
C'est un coin de paradis
À Beer-Sheba
« Le désert a refleuri ».

LE KINKELIBA

Le kinkeliba pousse dans la savane
C'est un arbrisseau touffu
Ses feuilles séchées sont consommées en tisane
Au bord de la route, elles sont vendues
Attachées en rameaux, portées à dos d'âne
Elles sont achetées dès qu'elles sont apparues
Car elles soignent beaucoup d'organes
Et sont les bienvenues.

LE FLAMBOYANT

Le flamboyant ou fleur de paradis
Explose comme un feu d'artifice
Rouges et jaunes, ses feuilles se referment la nuit
Avec ses fleurs en calice
Il arbore une robe de feu qui nous ravit
Son tronc, lisse
De couleur grisâtre, s'élargit
Il pousse même dans un sol avec beaucoup de silice.

LE FILAO

C'est un arbre tropical étonnant
Au feuillage persistant.
Il peut atteindre trente-cinq mètres de haut
Verts sont ses jeunes rameaux
Rappelant les prêles
Nombreuses et belles
Il orne souvent le littoral
Le vent le rend musical.

LE MORINGA

Le moringa, arbre de vie
Pousse rapidement.
Il permet de remédier à l'anémie
Il ne se trouve pas en Occident
Il est utilisé pour l'eau qu'il purifie
Les feuilles de moringa, comme les sucres lents
Aident les gens fatigués à retrouver de l'énergie
Du cerveau, elles améliorent le fonctionnement.

LE BAOBAB SACRE

Sur le baobab sacré
Se perchent les pélicans.
Le héron cendré,
Les cormorans
La bécassine de marée
Sont éblouissants :
Ils peuplent la mangrove régénérée
Nursery aux multiples talents.

LE SOPHORA

Le sophora du Japon
Au port majestueux
À plusieurs surnoms :
« Arbre des pagodes », vigoureux
Il possède une floraison
Très mellifère, convoitée par les butineurs heureux
Son bois sert à faire des charpentes, ses boutons
De fleur, à teindre la soie en jaune, aux reflets nombreux.

LE MANGUIER

Originaire des forêts d'Inde, du Pakistan
C'est, des arbres fruitiers, le plus anciennement cultivé
Son feuillage est persistant,
Dense et vert foncé.
Après la fin de la floraison, vers le milieu du printemps
En trois ou quatre mois, les fruits arrivent à maturité
Les fleurs, blanc rougeâtre, se regroupant
En grappes terminales, sont en petites quantités
Son surnom de « pêche des tropiques » est méritant
Tant la chair est juteuse, sucrée et parfumée.
.

L'ANACARDIER

L'arbre à noix de cajou
Est d'origine tropicale
Ses fleurs blanches, teintées d'un rose doux
Sont réunies en inflorescences terminales.
L'amande du fruit a du goût
Et nous régale.
Les abeilles sont un atout
Pour éloigner les personnes vénales.
Les racines de l'anacardier sont partout.
Sa couronne à feuillage dense et végétale
Maint promeneur s'y repose dessous
Dans les lueurs vespérales.

L'ARBRE DU VOYAGEUR

Éventail à plusieurs mètres de hauteur
L'arbre du voyageur
Offre des fruits d'un bleu intense
Et des fleurs blanches denses.
Le randonneur sans ressource peut se désaltérer
Après un coup, à la base du tronc, donné.
À Madagascar, il est utilisé comme matériau
Pour construire des maisons, des panneaux muraux.
L'arbre du voyageur, emblème de l'île
Est doux et tranquille.

ARBRE, MON AMI

Les arbres m'émerveillent
Traversés ou non par le soleil
Ils s'élancent vers le ciel
Pour eux, c'est essentiel.
Ils ont leur propre langage
Déchiffré au long des âges.
Sous le couvert des houppiers
Des drames sont épargnés
J'ai de l'amour pour eux,
Ils nous rendent heureux.

Direction d'ouvrage :

« Dialoguer en poésie »
15 rue de Sardac 32700 Lectoure

http://pierre.leoutre.free.fr/dialoguerenpoesie

et avec le soutien de l'Association « Le 122 »
15 rue Jules de Sardac 32700 Lectoure

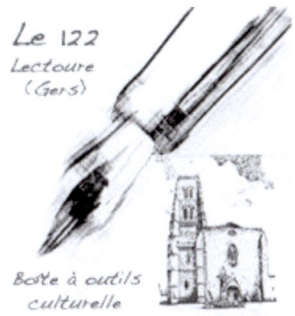

http://pierre.leoutre.free.fr

Éditeur :
Books on Demand GmbH,
12/14 rond-point des Champs Élysées,
75008 Paris, France

Impression :
Books on Demand GmbH, Norderstedt, Allemagne

ISBN : 9782322126767

Dépôt légal : janvier 2019

www.bod.fr